AF263922

LE DROIT NATUREL.

A PARIS.

M. DCC. LXV.

LE DROIT
NATUREL.

CHAPITRE PREMIER.

Ce que c'est que le Droit naturel des Hommes.

LE Droit naturel de l'homme peut être défini vaguement, *le droit que l'homme a aux choses propres à sa jouissance.*

Avant que de considérer le droit naturel des hommes, il faut considérer l'homme lui-même dans ses différens états de capacité corporelle & intellectuelle, & dans ses différens états relatifs aux autres hommes. Si l'on n'entre pas dans cet examen avant que d'entreprendre de développer le droit naturel de chaque homme, il est impossible d'apperce-

(4)

voir même ce que c'eſt que ce droit *.

C'eſt faute d'avoir remonté juſqu'à ces premieres obſervations que les Philoſophes ſe ſont formé des idées ſi différentes & même ſi contradictoires du droit naturel de l'homme. Les uns, avec quelque raiſon, n'ont pas voulu le reconnoître ; les autres avec plus de raiſon l'ont reconnu : & la vérité ſe trouve de part & d'autre. Mais une vérité en exclut une autre dans un même être lorſqu'il change d'état, comme une forme en exclut une autre ; un corps qui reçoit une nouvelle forme qui détruit celle qu'il avoit, ſe trouve

---

* Il en a été des diſcuſſions ſur le droit naturel comme des diſputes philoſophiques ſur la liberté, ſur le juſte & l'injuſte : on a voulu concevoir comme des êtres abſolus ces attributs relatifs, dont on ne peut avoir d'idée complette & exacte, qu'en les réuniſſant aux corelatifs dont ils dépendent néceſſairement, & ſans leſquels ce ne ſont que des abſtractions idéales & nulles.

privé de celle-ci ; il n'eſt plus vrai, qu'un morceau de cire qui avoit la figure ſpherique, ait cette figure lorſqu'il a reçu une figure cubique.

Celui qui a dit que le droit naturel de l'homme eſt nul, a dit vrai (1).

Celui qui a dit que le droit naturel de l'homme eſt le droit que la nature enſeigne à tous les animaux, a dit vrai (2).

Celui qui a dit que le droit naturel de l'homme eſt le droit que ſa force & ſon intelligence lui aſſurent, a dit vrai (3).

Celui qui a dit que le droit naturel ſe borne à l'intérêt particulier de chaque homme, a dit vrai (4).

Celui qui a dit que le droit naturel eſt une loi générale & ſouveraine

―――――――――

(1) Voyez-en l'exemple, page 8.

(2) C'eſt la définition de Juſtinien : elle a, comme les autres, ſon aſpect où elle eſt vraie.

(3) Voyez-en l'exem. p. 15 & dans la note de la p. 31.

(4) Voyez-en l'exemple dans la note de la page 13.

Aiij

qui régle les droits de tous les hommes, a dit vrai (5).

Celui qui a dit que le droit naturel des hommes eſt le droit illimité de tous à tout, a dit vrai (6).

Celui qui a dit que le droit naturel des hommes eſt un droit limité par convention tacite ou explicite, a dit vrai (7).

Celui qui a dit que le droit naturel n'admet ni juſte ni injuſte, a dit vrai (8).

Celui qui a dit que le droit naturel eſt un droit juſte, a dit vrai (9).

____

(5) Voyez-en l'exemple pag. 24 & 25. Avec un peu plus d'etendue cette propoſition ferait la nôtre.

(6) C'eſt le ſyſtême du Sophiſte *Traſimaque* dans Platon, renouveilé depuis par Hobbes, & depuis Hobbes par l'Auteur du Livre intitulé *Principes du Droit naturel & de la Politique.* Voyez le préſenté & réfuté, p. 10, 11 & 12.

(7) Voyez-en l'exemple, pag. 26 & 27.

(8) C'eſt le cas d'un homme ſeul dans une Iſle déſerte, dont le droit naturel aux productions de ſon Iſle n'admet ni juſte, ni injuſte, attendu que la juſtice ou l'injuſtice ſont des attributs relatifs, qui ne peuvent exiſter lorſqu'il n'y a perſonne ſur qui les exercer. Voyez le commencement du quatriéme Chapitre.

(9) Voyez pages 7 & 8 & page 23.

(7)

Mais aucun n'a dit vrai relativement à tous les cas.

Ainsi les Philosophes se sont arrêtés
au parallogisme ou argument incom-
plet dans leurs recherches sur cette
matiere importante , qui est le principe naturel de tous les devoirs de
l'homme réglés par la raison.

Un enfant, dépourvu de force &
d'intelligence , a incontestablement
un droit naturel à la subsistance ,
fondé sur le devoir indiqué par la
nature au pere & à la mere. Ce droit
lui est d'autant plus assuré que le devoir du pere & de la mere est accom-
pagné d'un attrait naturel , qui agit
beaucoup plus puissamment sur le
p re , & encore plus sur la mere,
que la notion de l'ordre naturel qui
établit le devoir. D'ailleurs ce devoir
est dans l'ordre de la justice , car le
pere & la mere ne font que rendre à
leurs enfans ce qu'ils ont reçu eux-

mêmes de leurs pere & mere ; or un précepte qui se rapporte à un droit juste oblige tout être raisonnable.

Si on me demande ce que c'est qu'un droit juste, & si je réponds à la raison, je dirai que *c'est ce que l'on connoît appartenir à quelqu'un, ou à soi-même, à titre de régle naturelle & souveraine, reconnue évidemment par les lumieres de la raison.*

Si le pere & la mere de l'enfant meurent, & que l'enfant se trouve, sans autre ressource, abandonné à son impuissance, il est privé de l'usage de son droit naturel, & ce droit devient nul. Car un attribut relatif est nul quand son corelatif manque. Les yeux sont nuls dans un lieu inaccessible à la lumiere.

CHAPITRE II.

De l'étendue du droit naturel des Hommes.

LE droit naturel des hommes differe du droit légitime ou du droit décerné par les loix humaines, en ce qu'il est reconnu avec évidence par les lumieres de la raison, & que par cette évidence seule, il est obligatoire indépendamment d'aucune contrainte ; au lieu que le droit légitime prescrit par la loi, est obligatoire en vertu de la contrainte que porte la sanction de la loi, quand même nous ne le connoîtrions que par la simple indication énoncée dans la loi.

Par ces différentes conditions on voit toute l'étendue du droit naturel, & ce qui le distingue du droit légitime.

Souvent le droit légitime restreint le droit naturel, parce que les loix

des hommes ne font pas auffi parfaites que les loix de l'Auteur de fa
nature, & parce que les loix humaines
font quelquefois furprifes par des motifs dont la raifon éclairée ne recon-
noît pas toujours la juftice ; ce qui
oblige enfuite fa fageffe des Légifla-
teurs d'abroger des loix qu'ils ont faites eux mémes. La multitude de loix
contradictoires & abfurdes établies
fucceffivement chez les Nations,
prouve manifeftement que les loix pofitives font fujettes à s'écarter fouvent
des régles immuables de la Juftice.

Quelques Philofophes abforbés
dans l'idée abftraite du droit naturel
des hommes qui laiffe *à tous un droit
à tout*, ont borné le droit naturel de
l'homme à l'état de pure indépendance des hommes les uns envers les
autres, & à l'état de guerre entr'eux.
pour s'emparer les uns & les autres
de leur droit illimité. Ainfi, préten-
dent ces Philofophes, lorfqu'un

(11)

homme eſt privé par convention, ou
par une autorité légitime, de quelques
parties du droit naturel qu'il a à
toutes les choſes propres à ſa jouiſſance, ſon droit général eſt détruit ;
& cet homme ſe trouve ſous la dépendance d'autrui par ſes engage-
mens, ou par une autorité coactive.
Il n'eſt plus dans le pur état de nature, ou de pure indépendance ; il
n'eſt plus lui ſeul juge de ſon droit ; il
eſt ſoumis au jugement d'autrui ; il
n'eſt donc plus, diſent-ils, dans l'état
de pure nature, ni par conſéquent
dans la ſphere du droit naturel.

Mais ſi l'on fait attention à la futi-
lité de cette idée abſtraite *du droit
naturel de tous à tout*, il faudra, pour
ſe conformer à l'ordre naturel même,
réduire ce prétendu droit naturel
général de l'homme *aux choſes dont
il peut obtenir la jouiſſance*.

Dans ce point de vue, on apper-
A vj

cevra que les raifonnemens que l'on
vient d'expofer ne font que des fo-
phifmes frivoles, ou un badinage de
l'efprit, fort déplacé dans l'examen
d'une matiere fi importante ; & on
fera bien convaincu que le droit naturel de chaque homme fe réduit
dans la réalité à la portion qu'il peut
fe procurer par fon travail. Car *fon
droit à tout* eft femblable au droit de
chaque hirondelle à tous les mouche-
rons qui voltigent dans l'air, mais qui
dans la réalité fe borne à ceux qu'elle
peut faifir par fon travail, ou fes recherches ordonnées par le befoin.

Dans l'état de pure nature, les
chofes propres à la jouiffance des
hommes fe réduifent à celle que la
nature produit fpontanément, &
chaque homme ne peut s'en procurer quelque portion que par fon travail, c'eft-à-dire, par fes recherches.
D'où il s'enfuit ; 1°. que fon droit à
tout eft une chimere ; 2°. que la por-

tion de choses dont il jouit dans l'état de pure nature s'obtient par le travaïl ; 3°. que son droit aux choses propres à sa jouissance doit être considéré dans l'ordre de la nature & dans l'ordre de la Justice ; 4°. que dans l'état de pure nature, les hommes pressés de satisfaire à leurs besoins, chacun par ses recherches, ne perdront pas leur temps à se livrer inutilement entr'eux une guerre qui n'apporteroit que de l'obstacle à leurs occupations nécessaires pour pourvoir à leur subsistance* ; 5°. que le droit naturel compris dans l'ordre de la nature & dans l'ordre de la justice, s'étend à tous les états dans lesquels les hommes peuvent se trouver respectivement les uns aux autres.

---

* C'est ici le cas du proverbe qui peut s'adresser à tous dans l'état de pure nature, *si tu en as besoin vas en chercher, personne ne s'y oppose* : cette régle s'étend jusqu'aux bêtes ; celles d'une même espece qui sont dans le même cas, ne cherchent point à se faire la guerre pour s'empêcher réciproquement de se procurer leur nourriture par leurs recherches.

CHAPITRE III.

De l'inégalité du droit naturel des Hommes.

NOUS avons vu que dans l'état même de pure nature ou d'entiere indépendance, les hommes ne jouiſſent de leur droit naturel que par le travail, c'eſt-à-dire, par les recherches des choſes dont ils ont beſoin & qui toutes ſont communes entre les hommes qui font les mêmes recherches dans les mêmes régions de la terre où ils habitent, ſoit qu'ils y vivent de la chaſſe, ou de la pêche, ou des végétaux qui y naiſſent naturellement. Mais pour faire ces recherches & pour y réuſſir, il leur faut les facultés du corps & de l'eſprit, & les moyens ou les inſtrumens néceſſaires pour agir & pour parvenir à ſatisfaire à leurs beſoins. La

jouiffance de leur droit naturel doit
être fort bornée dans cet état de
pure nature & d'indépendance, où
nous ne fuppofons encore entr'eux
aucun concours pour s'entr'aider mutuellement. Lorfqu'ils entreront en
fociété & qu'ils feront entr'eux des
conventions pour leur avantage réciproque, ils augmenteront beaucoup
la jouiffance de leur droit naturel.

Mais en confidérant les facultés
corporelles & intellectuelles, & les
autres moyens de chaque homme en
particulier, nous y trouverons encore une plus grande inégalité relativement à la jouiffance du droit naturel des hommes. Cette inégalité
n'admet ni jufte ni injufte dans fon
principe; elle réfulte de la combinai-
fon des loix de la nature ; & les
hommes ne pouvant pénétrer les
deffeins de l'Être Suprême dans
la conftruction de l'Univers, ne

peuvent s'élever jufqu'à la defti-
nation des régles immuables qu'il
a inftituées pour la formation & la
confervation de fon ouvrage. Cependant, fi on examine ces régles
avec attention, on appercevra au
moins que les caufes *phyfiques* du mal
phyfique font elles-mêmes les caufes
des biens *phyfiques* ; que la pluie,
qui incommode le voyageur, ferti-
life les terres : & fi on calcule fans
prévention, on verra que ces caufes
produifent infiniment plus de bien
que de mal. Mais dans ce calcul, il
faut bien fe garder d'attribuer aux loix
phyfiques les maux qui font la jufte &
inévitable punition de la violation des
loix phyfiques. Si un Gouvernement
s'écartoit des loix naturelles qui af-
furent les fuccès de l'Agriculture,
oferoit on s'en prendre à l'Agriculture elle-même, de ce que l'on man-
queroit de pain, & de ce que l'on

verroit en même tems diminuer le nombre des hommes, & augmenter celui des malheureux ?

Les tranfgreffions des loix naturelles font les caufes les plus étendues & les plus ordinaires des maux phyfiques qui affligent les hommes : les riches mêmes, qui ont plus de moyens pour les éviter, s'en attirent beaucoup par leur ambition, par leurs autres paffions, par leurs plaifirs mêmes, dont ils ne peuvent inculper que leurs déreglemens. Ceci nous meneroit infenfiblement à une autre caufe du mal phyfique & du mal moral, laquelle eft d'un autre genre que les loix phyfiques ; c'eft le mauvais ufage de la liberté des hommes. La liberté, cet attribut conftitutif de l'homme, & que l'homme voudroit étendre au de-là de fes bornes, paroît à l'homme n'avoir jamais tort : s'il fe nuit à lui-même par le mauvais uſage de ſa liberté, il ſe plaint de l'Auteur de ſa liberté, lorſqu'il voudroit être encore plus libre*; il ne

---

* Que ſignifient ces mots *plus libre ?* Signifient-ils plus arbitraire, c'eſt-à-dire, plus indépendant des motifs qui agiſſent ſur la volonté? Non ; car cette indépendance, ſi elle étoit entiere, réduiroit la volonté à l'état d'indifférence ; & dans cet etat, la liberté ſeroit nulle : ce n'eſt donc pas dans ce ſens que l'on peut dire *plus libre.* Ces mots peuvent encore moins ſe rapporter à l'état de la volonté ſubjuguée par des motifs invincibles. Ces deux extrêmes ſont les termes qui limitent l'étendue de l'uſage naturel de la liberté.

La liberté eſt une faculté relative à des motifs excitans & ſurmontables, qui ſe contrebalancent & s'entre-affoibliſſent les uns les autres, & qui préſentent des intérêts & des attraits oppoſés, que la raiſon plus ou moins éclairée, & plus ou moins préoccupée examine & apprécie. Cet état de délibération conſiſte dans pluſieurs actes de l'exercice de la liberté, plus ou moins ſoutenus par l'attention de l'eſprit. Mais pour avoir une idée encore plus exacte de la liberté, il ne faut pas confondre ſon état de délibération avec l'acte déciſif de la volonté, qui eſt un acte ſimple, définitif, plus ou moins précipité, qui fait ceſſer tout exercice de la liberté, & qui n'eſt point un acte de la liberté, mais ſeulement une détermination abſolue de la volonté, plus ou moins préparée pour le choix par l'exercice de la liberté.

s'apperçoit pas qu'il est lui-même en
contradiction avec lui-même. Qu'il

D'après ces observations familieres à tout homme un peu attentif à l'usage de ses pensées, on
peut demander à ceux qui nient la liberté, *s'ils
sont bien assurés de n'avoir jamais délibéré?* S'ils
avouent qu'ils ont déliberé, on leur demande-
ra, *pourquoi ils ont déliberé?* Et s'ils avouent que
c'étoit *pour choisir*, ils reconnoitront l'exercice
d'une faculté intellectuelle entre les motifs & la
décision. Alors on sera d'accord de part & d'autre
sur la réalité de cette faculté; & il deviendra inutile de disputer sur le nom.

Mais ne réunissons pas sous ce nom des conditions contradictoires, telles que la condition de
pouvoir également acquiescer à tous les motifs ac-
tuels; & la condition de pouvoir également n'acquiescer à aucun; conditions qui excluent toute
raison de préférence, de choix & de décision. Car
alors tout exercice, tout usage, en un mot toutes
les propriétés essentielles de la faculté même,
qu'on appelleroit liberté, n'existeroient pas; ce
nom ne signifieroit qu'une abstraction inconceva-
ble, comme celle du bâton sans deux bouts. Dé-
pouiller la volonté de l'homme de toutes causes
déterminantes pour le rendre libre, c'est annuller
la volonté; car tout acte de la volonté est de vouloir quelque chose qui la fait vouloir. Anéantir les
motifs, c'est anéantir la liberté même, ou la

reconnoiſſe donc ſes extravagances ; qu'il apprenne à faire un bon uſage de ſa liberté, qui lui eſt ſi chere ; qu'il banniſſe l'ignorance, qui eſt la principale ſource des maux qu'il ſe cauſe par l'exercice de ſa liberté. Il

---

faculté intellectuelle qui examine & apprécie les objets relatifs aux affections de la volonté . . . .

Ne nous arrêtons pas davantage à cette abſurdité, & concluons en obſervant qu'il n'y a que l'homme ſage qui s'occupe à perfectionner ſa liberté : les autres croyent toujours être aſſez libres quand ils ſatisfont leurs deſirs ; ainſi ils ne ſont attentifs qu'à ſe procurer le pouvoir qui multiplie les choix qui peuvent étendre l'uſage de leur liberté. Celui qui n'a qu'un mets pour ſon repas, n'a que le choix de le laiſſer ou de le manger, & celui d'en manger plus ou moins ; mais celui qui a vingt mets, a le pouvoir d'étendre l'exercice de ſa liberté ſur tous ces mets, de choiſir ceux qu'il trouvera les meilleurs, & de manger plus ou moins de ceux qu'il aura choiſis. C'eſt en ce ſens que l'homme brute n'eſt occupé qu'à étendre toujours ſa liberté & à ſatisfaire ſes paſſions avec auſſi peu de diſcernement que de modération ; ce qui a forcé les hommes qui vivent en ſociété, à établir des loix pénales pour réprimer l'uſage effrené de leur liberté.

eſt de ſa nature d'être libre & intelli-
gent, quoique quelquefois il ne ſoit
ni l'un, ni l'autre. Par l'exercice de
ſa liberté, il peut faire de mauvais
choix; par ſon intelligence, & par
des ſecours ſurnaturels, il peut parvenir aux meilleurs choix, & ſe conduire avec ſageſſe, autant que le
lui permet l'ordre des loix phyſiques
qui conſtituent l'Univers. * Le bien
phyſique & le mal phyſique, le
bien moral & le mal moral ont donc
évidemment leur origine dans les loix
naturelles. Tout a ſon eſſence immua-
ble, & les propriétés inſéparables de
ſon eſſence. D'autres loix auroient
d'autres propriétés eſſentielles, vrai-
ſemblablement moins conformes à la

----

* Un homme, qui eſt fou (il y a bien des eſpeces
& bien des degrés de folie) par l'effet d'une
mauvaiſe conſtitution de ſon cerveau, eſt en-
traîné par une *loi phyſique*, qui ne lui permet pas de
faire le meilleur choix, ou de ſe conduire avec ſageſſe.

perfection à laquelle l'Auteur de la nature a porté fon ouvrage : celles qu'il
a inftituées font juftes & parfaites dans
le plan général , lorfqu'elles font
conformes à l'ordre & aux fins
qu'il s'eft propofées ; car il eft lui-
même l'Auteur des loix & des régles , & par conféquent fupérieur
aux loix & aux régles. Mais tout eft
foumis à celles qu'il a inftituées ; &
l'homme doué d'intelligence a la
prérogative de pouvoir les contem-
pler & les connoître pour en retirer
le plus grand avantage poffible ,
fans être réfractaire à ces loix & à
ces régles fouveraines.

CHAPITRE IV.

Du droit naturel des Hommes confidérés relativement les uns aux autres.

LEs hommes peuvent être confidérés dans l'état de folitude & dans
l'état de multitude.

Les hommes étant envifagés comme difperfés de maniere qu'ils ne puif-
fent avoir entr'eux aucune communication, on apperçoit qu'ils font complettement dans l'état de pure nature
& d'entiere indépendance, fans aucun
rapport de jufte & d'injufte relativement les uns aux autres. Mais cet état
ne peut fubfifter que le temps de la du-
rée de la vie de chaque individu ; ou
bien il faudroit fuppofer que ces hommes vivroient au moins, chacun avec
une femme, dans leur retraite, ce qui
changeroit entierement l'hypothèfe
de leur état de folitude ; car cette affo-
ciation d'une femme & des enfans qui
furviendroient, admettroit un ordre
de dépendance, de juftice, de devoirs, de fûreté, de fecours récipro-
ques.

Tout homme eft chargé de fa confervation fous peine de fouffrance, &
il fouffre feul quand il manque à ce de-

voir envers lui-même, ce qui l'oblige
à le remplir préalablement à tout autre. Mais tous ceux avec lefquels il eft
affocié font chargés envers eux-mê-
mes du même devoir fous les mêmes
peines. Il eft de l'ordre naturel que le
plus fort foit le chef de la famille ; mais
il n'eft pas de l'ordre de la juftice qu'il
ufurpe fur le droit naturel de ceux qui
vivent en communauté d'intérêts
avec lui. Il y a alors un ordre de
compenfation dans la jouiffance du
droit naturel de chacun qui doit
être à l'avantage de tous les indivi-
dus de la famille , & qui doit être
réglé par le chef, felon l'ordre même
de la juftice diftributive , conformément aux devoirs prefcrits par
la nature, & à la coopération où chacun contribue felon fa capacité aux
avantages de la fociété. Les uns &
les autres y contribuent diverfement,
mais l'emploi des uns eft à la déchar-
ge

ge de l'emploi des autres ; par cette diſtribution d'emploi , chacun peut remplir le ſien plus complettement ; & par ce ſupplément réciproque , chacun contribue à peu près également à l'avantage de la ſociété ; donc chacun doit y jouir également de ſon droit naturel conformément au bénéfice qui réſulte du concours des travaux de la ſociété ; & les devoirs envers ceux qui ne ſont pas en état d'y contribuer , doivent s'étendre ſur ceux-ci à raiſon de l'aiſance que cette ſociété particuliere peut ſe procurer. Ces régles, qui ſe manifeſtent d'elles-mêmes, dirigent la conduite du chef de famille pour réunir dans la ſociété l'ordre naturel & l'ordre de la juſtice. Il y eſt encore excité par des ſentimens de ſatisfaction , de tendreſſe , de pitié , &c. qui ſont autant d'indices des intentions de l'Auteur de la nature , ſur l'obſer vation des régles qu'il prescrit aux hommes pour les obliger par devoir à s'entre-secourir mutuellement.

Si on considere les hommes dans l'état de multitude, où la communication entr'eux est inévitable, & où cependant il n'y auroit pas encore de loix positives qui les réunissent en société sous l'autorité d'une Puissance souveraine, & qui les assujettissent à une forme de gouvernement, il faut les envisager comme des peuplades de Sauvages qui se seroient emparés de pays deserts, où ils vivroient des productions qui y naissent naturellement, ou se livreroient au brigandage, s'ils pouvoient faire des excursions chez des Nations où il y auroit des richesses à piller ; car dans cet état ils ne pourroient se procurer des richesses par l'Agriculture, ni par les pâturages des troupeaux, parce qu'ils ne pourroient pas s'en assurer la propriété. Mais dans cet état même, il faudroit qu'il y eût entr'eux des conventions tacites ou explicites pour leur sûreté personnelle ; car les hommes ont, dans cet état d'indépendance, une crainte les uns des autres , qui les inquiete réciproquement , & sur laquelle ils peuvent facilement se rassurer de part & d'autre , parce que rien ne les intéresse plus que de se délivrer réciproquement de cette crainte. Ceux de chaque canton se voyent plus fréquemment ; ils s'accoutument à se voir, la confiance s'établit entr'eux , ils s'entr'aident , ils s'allient par des mariages , & forment en quelque sorte des Nations particulieres , où tous sont ligués pour leur défense commune , & où d'ailleurs chacun reste dans l'état de pleine liberté & d'indépendance les uns envers les autres , avec la condition de leur sûreté personnelle entre eux , & de la propriété de l'habitation , & du peu d'effets ou uftenfiles qu'ils ont chacun en leur poffeffion.

Si leurs richeffes de propriété étoient plus confidérables & plus difperfées , ou plus expofées au pillage, la conftitution de ces Nations ne fuffiroit pas pour leur en affurer la propriété ; il leur faudroit alors des loix pofitives écrites, ou de convention, & une autorité fouveraine pour les faire obferver : car ces objets , livrés à la fidélité publique , fufciteroient aux compatriotes peu vertueux des defirs qui les porteroient à violer le droit d'autrui.

Ainfi la forme des fociétés dépend du plus ou du moins de biens que chacun poffède, ou peut poffèder, & dont il veut s'affurer la confervation & la propriété.

Ainfi les hommes qui fe mettent fous la dépendance , ou plurêt fous la protection des loix pofitives & d'une autorité tutelaire, éten-

dent beaucoup leur droit naturel,
au lieu de le reſtraindie.

CHAPITRE V.

*Du droit naturel des hommes réunis en
ſociété ſous une autorité ſouveraine.*

IL y a des ſocietés qui ſont gouver-
nées, les unes par une autorité mo-
narchique, les autres par une autorité ariſtocratique, d'autres par une
autorité démocratique, &c. Mais ce
ne ſont pas ces différentes formes
d'autorités qui décident de l'eſſence
du droit naturel des hommes réunis
en ſociété, car les loix varient beaucoup ſous chacune de ces formes.
Ce ſont les loix des Gouvernemens,
qui limitent le droit naturel des ſujets:
mais ces loix ſe réduiſent preſque
toujours à des loix poſitives ou
d'inſtitution humaine : or ces loix ne
ſont pas le fondement du droit natu-

rel; & elles varient tellement, qu'il ne feroit pas poffible d'examiner l'état du droit naturel des hommes fous ces loix. Il eft même inutile de tenter d'entrer dans cet examen.

Pour connoître l'ordre des temps, & des lieux, pour régler la navigation & affurer le commerce, il a fallu obferver & calculer avec précifion les loix du mouvement des corps céleftes. Il faut de même, pour connoître l'étendue du droit naturel des hommes réunis en fociété, fe fixer aux loix naturelles conftitutives du meilleur Gouvernement poffible. Ce Gouvernement auquel les hommes doivent être affujettis, confifte dans l'ordre naturel & dans l'ordre pofitif, les plus avantageux aux hommes réunis en fociété.

Les hommes réunis en fociété doivent donc être affujettis à des loix naturelles & à des loix pofitives.

Les loix naturelles font ou phyſiques, ou morales.

On entend ici par loi phyſique *le
cours réglé de tout évenement phyſique
de l'ordre naturel évidemment le plus
avantageux au genre humain.*

On entend ici par loi morale *la
règle de toute action morale de l'ordre
naturel évidemment le plus avantageux
au genre humain.*

Ces loix forment enſemble ce
qu'on appelle *la loi naturelle.* Tous
les hommes & toutes les Puiſſances
humaines doivent être ſoumis à ces
loix ſouveraines, inſtituées par l'Être
Suprême : elles ſont immuables &
irréfragables, & les meilleures loix
poſſibles ; * par conſéquent la baſe du
gouvernement le plus parfait , & la
regle fondamentale de toutes les loix

––––––––––––––––––––––

* L'ordre naturel le plus avantageux aux hommes , n'eſt peut-être pas le plus avantageux aux
autres animaux ; mais dans le droit illimité l'hom-

poſitives ; car les loix poſitives ne
ſont que des loix de manutention re-
latives à l'ordre naturel évidemment
le plus avantageux au genre humain.

Les loix poſitives ſont des *régles
authentiques établies par une autorité
ſouveraine, pour fixer l'ordre de l'ad-
miniſtration du gouvernement; pour aſ-
ſurer la défenſe de la ſociété ; pour faire
obſerver régulierement les loix naturelles ; pour réformer, ou maintenir les
coutumes & les uſages introduits dans
la Nation ; pour régler les droits par-
ticuliers des Sujets relativement à leurs
différens états ; pour déterminer l'ordre
poſitif dans les cas douteux réduits à des
probabilités d'opinion ou de conve-
nance ; pour aſſeoir les déciſions de la
Juſtice diſtributive.*

---

me a celui de faire ſa part la meilleure poſſible.
Cette ſupériorité appartient à ſon intelligence ;
elle eſt de droit naturel, puiſque l'homme la tient
de l'Auteur de la nature, qui l'a décidé ainſi par
les loix qu'il a inſtituées dans l'ordre de la formation de l'Univers.

Ainsi la législation positive con-
siste dans la connoissance des loix
naturelles, constitutives de l'ordre
évidemment le plus avantageux possible aux hommes réunis en société;
on pourroit dire tout simplement le
plus avantageux possible au Souverain; car ce qui est réellement le plus
avantageux au Souverain, est le plus
avantageux aux Sujets. Il n'y a que la
connoissance de ces loix suprêmes
qui puisse assurer constamment la tran-
quillité & la prospérité d'un Empire;
& plus une Nation s'appliquera à cette
science, plus l'ordre naturel domi-
nera chez elle, & plus l'ordre positif
y sera régulier: on ne proposeroit pas,
chez une telle Nation, une loi dérai-
sonnable, car le Gouvernement & les
Citoyens en appercevroient aussi-tôt
l'absurdité.

Le fondement de la société est la
subsistance des hommes, & les richesses nécessaires à la force qui doit les

défendre; ainsi il n'y auroit que l'ignorance qui puisse, par exemple, favo-
riser l'introduction de loix positives
contraires à l'ordre de la réproduc-
tion & de la distribution réguliere &
annuelle des richesses du territoire
d'un Royaume. Si le flambeau de la
raison y éclaire le Gouvernement,
toutes les loix positives nuisibles à
la Société & au Souverain, dispa-
rcîtront.

Il s'agit ici de la raison exercée ,
étendue, & perfectionnée par l'étude
des loix physiques & naturelles. Car
la simple raison n'éleve pas l'homme
au – dessus de la béte ; elle n'est
dans son principe qu'une faculté ou
une aptitude, par laquelle l'homme
peut acquerir les connoissances qui
lui sont nécessaires, & par laquelle il
peut, avec ces connoissances , se procurer les biens physiques & les biens
moraux essentiels à la nature de son
être. La raison est à l'ame ce que les

yeux font au corps : fans les yeux
l'homme ne peut jouir de la lumiere,
& fans la lumiere il ne peut rien voir.

La raifon feule ne fuffit donc pas à
l'homme pour fe conduire; il faut
qu'il acquiere par fa raifon les connoiffances qui lui font néceffaires, &
que par fa raifon il fe ferve de fes
connoiffances pour fe conduire di-
gnement, & pour fe procurer les
biens dont il a befoin.

Mais la raifon ainfi éclairée, em-
ployée, & parvenue au point de
connoître avec évidence la marche
des loix naturelles, devient la régle
néceffaire du meilleur Gouvernement
poffible ; lequel fe conformant le plus
qu'il eft poffible à ces loix fouveraines, multiplieroit le plus qu'il eft
poffible les richeffes néceffaires à la
fubfiftance des hommes, & au main-
tien de l'autorité tutelaire, dont
la protection garantit leur droit de

...priété sur ces richesses, & la sûreté de leurs personnes.

D'où nous conclurons que *le droit naturel* de chaque homme *s'étend à raison des meilleures loix possibles qui constituent l'ordre le plus avantageux aux hommes réunis en société.*

Ces loix ne restreignent point la liberté de l'homme, qui fait partie de son droit naturel; car les avantag... de ces Loix Suprêmes font... ment l'objet du meilleur choix de la liberté. L'homme ne peut se refuser raisonnablement à l'obéissance qu'il doit à ces loix; autrement sa liberté ne seroit qu'une liberté nuisible à lui même & aux autres; ce ne seroit que la liberté d'un insensé qui, dans un bon gouvernement, doit être conte-nue & redressée par l'autorité des loix positives de la société...

F I...